VEICOLI a MOTORE

DoReMi

DoReMi è un marchio EDICART Style
Via Jucker, 28 - Legnano (MI) - Italia
Testi di Amy Johnson
Titolo originale: *Busy Machines*
Traduzione dall'inglese di *Fabiola Beretta*

www.edicart.it

Ringraziamenti
Gli editori vorrebbero ringraziare gli artisti
che hanno collaborato alla realizzazione del libro:
Escavatori: Kirsten Collier
Salvataggio: Steven Wood (Advocate Art)
Trattori: Ela Smietanka (Advocate Art)
Autocarri: Craig Shuttlewood (The Bright Agency)

Escavatori

Schiacciare, raccogliere e lavorare con escavatori, autocarri con cassoni ribaltabili, pale caricatrici e carrelli elevatori

Pronti per costruire!

In cantiere le macchine lavorano sodo tutto il giorno. Ci sono escavatori, autocarri con cassoni ribaltabili, pale caricatrici e carrelli elevatori.

SFERRAGLIANO...

e ROMBANO.

Escavatori al lavoro

La maggior parte degli **escavatori** è dotata di cingoli che li tengono stabili su terreni accidentati.

Un **retroescavatore** ha un braccio posteriore per scavare e una pala frontale per raccogliere e spostare materiale.

Questo è un **escavatore anfibio**. Appoggiato su speciali galleggianti, draga sabbia e fango dalle acque basse di fiumi e paludi.

Gli **escavatori gommati** possono lavorare su superfici dure che verrebbero danneggiate da cingoli pesanti.

Escavatore da miniera

L'escavatore a ruota di tazze è tra le macchine più grandi del mondo! Viene utilizzato nelle miniere per estrarre quantità enormi di terra e roccia.

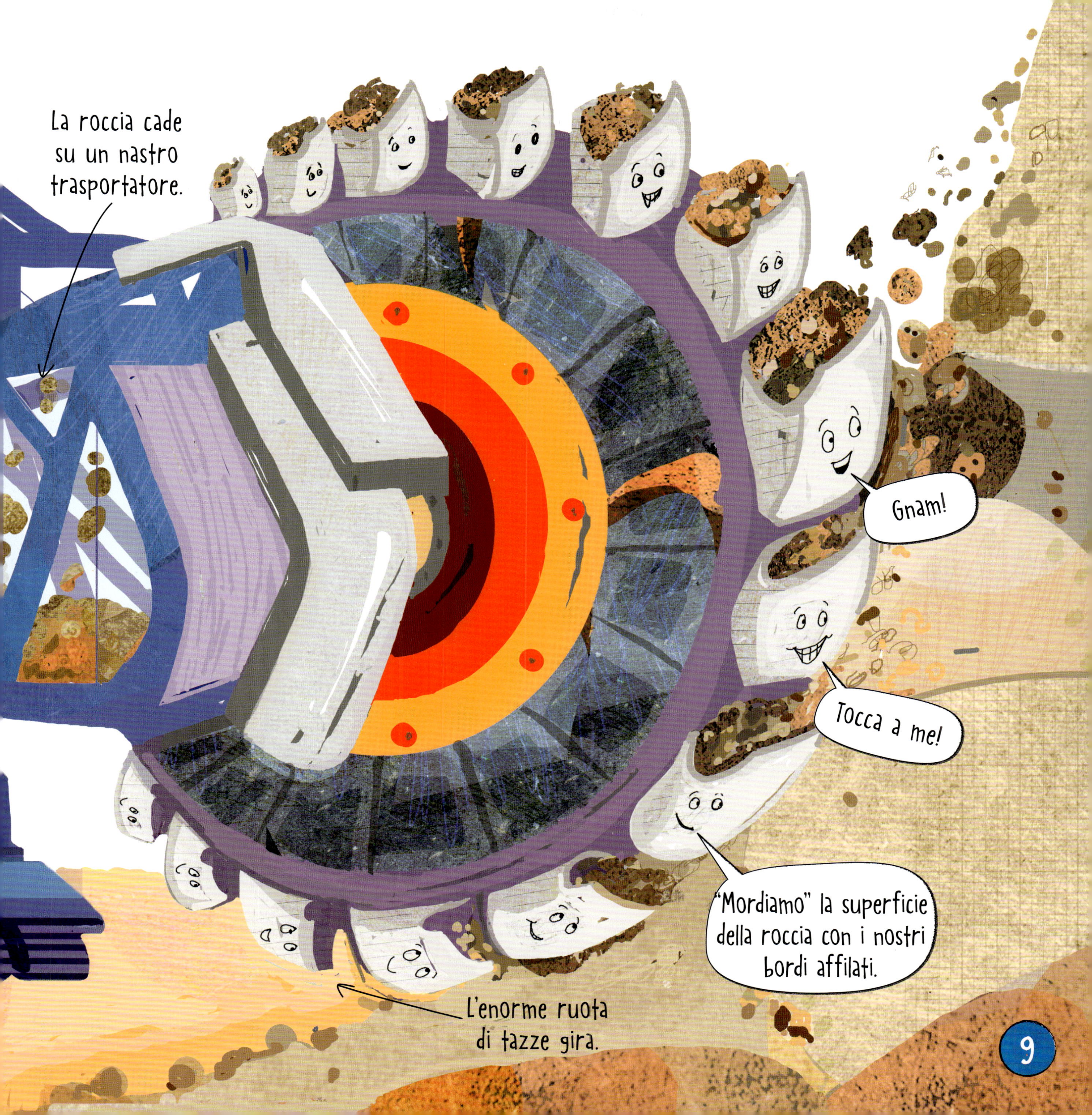
La roccia cade su un nastro trasportatore.
Gnam!
Tocca a me!
"Mordiamo" la superficie della roccia con i nostri bordi affilati.
L'enorme ruota di tazze gira.

Sempre in movimento

Ecco le più forti macchine movimento terra: sollevano, spostano, rimuovono, scavano!

Carrello elevatore

Retroescavatore

Pala caricatrice

Bulldozer gigante

Braccio sollevatore

Bulldozer

Autocarro con cassone ribaltabile

Pala compatta

Caricatore di tronchi

Ruspa automotrice

Pala compatta cingolata

Tutto sugli escavatori

Rivoltano il terreno, scavano buche e sollevano carichi pesanti: gli **escavatori** sono macchine da costruzione molto indaffarate!

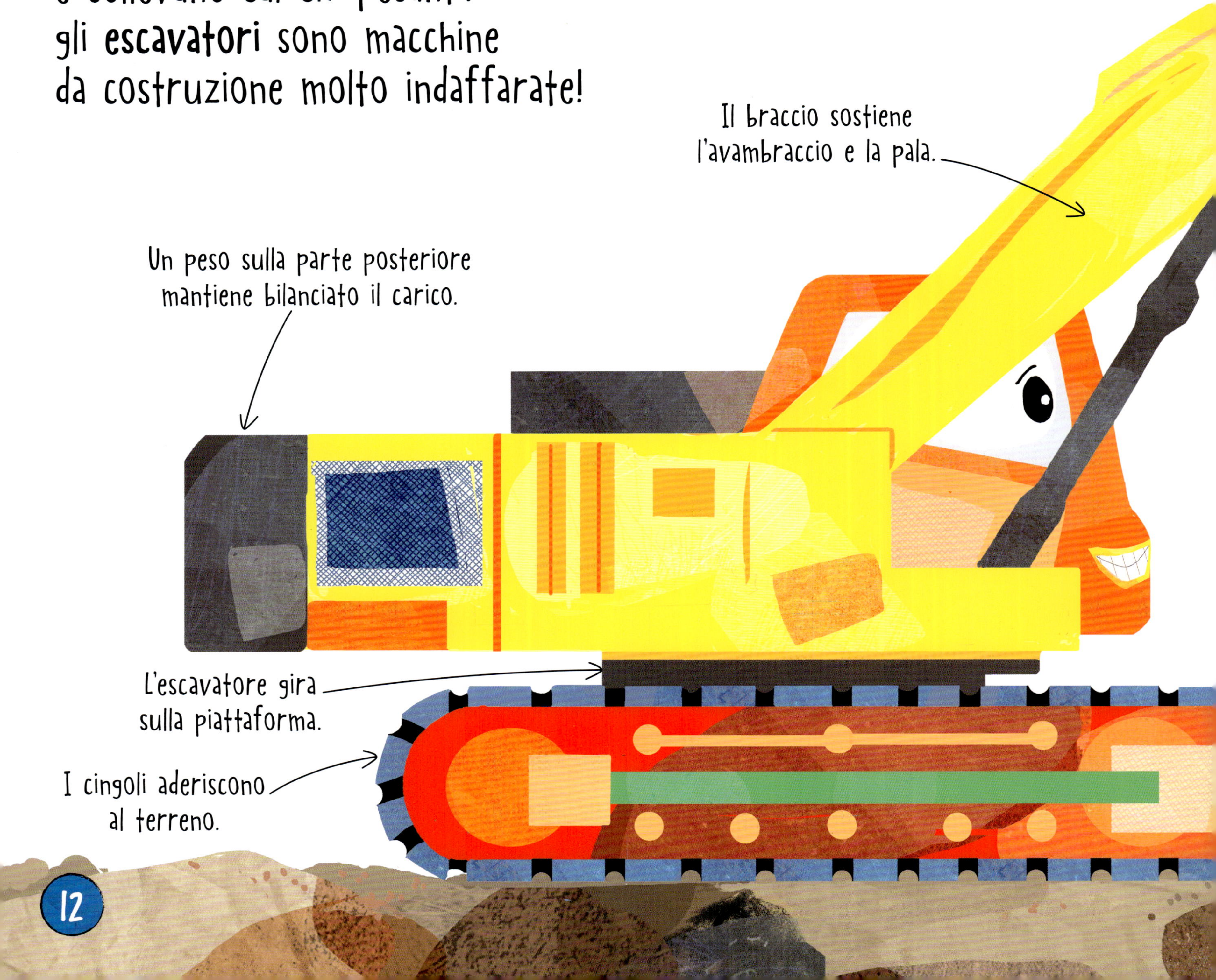

L'avambraccio trascina la pala nel terreno.

All'avambraccio si possono collegare altri accessori.

I forti denti aiutano la pala a mordere il terreno.

Macchine indaffarate!

Cerca il tuo mezzo da
costruzione preferito!

Gli acchiapparocce

Nelle cave più profonde ci vogliono vere supermacchine per scavare la roccia dal terreno.

Grossi **autocarri con cassoni ribaltabili** portano via enormi quantità di roccia.

Un **frantumatore di pietre** spacca i pezzi più grossi e li spara fuori più piccoli.

Al loro passaggio i **bulldozer** spingono via terra e roccia con una grande pala di metallo.

Gli **escavatori** scavano la roccia e la caricano sugli **autocarri con cassoni ribaltabili**.

Le **pale caricatrici** portano le pietre ai ribaltabili o ai frantumatori.

Per sollevare le pietre più grosse si usano delle **pinze idrauliche**.

Alto nel cielo

Le **gru a torre** rimangono per mesi nello stesso punto. Lavorando ad altezze incredibili sopra il suolo, sono fondamentali per costruire edifici anche molto alti.

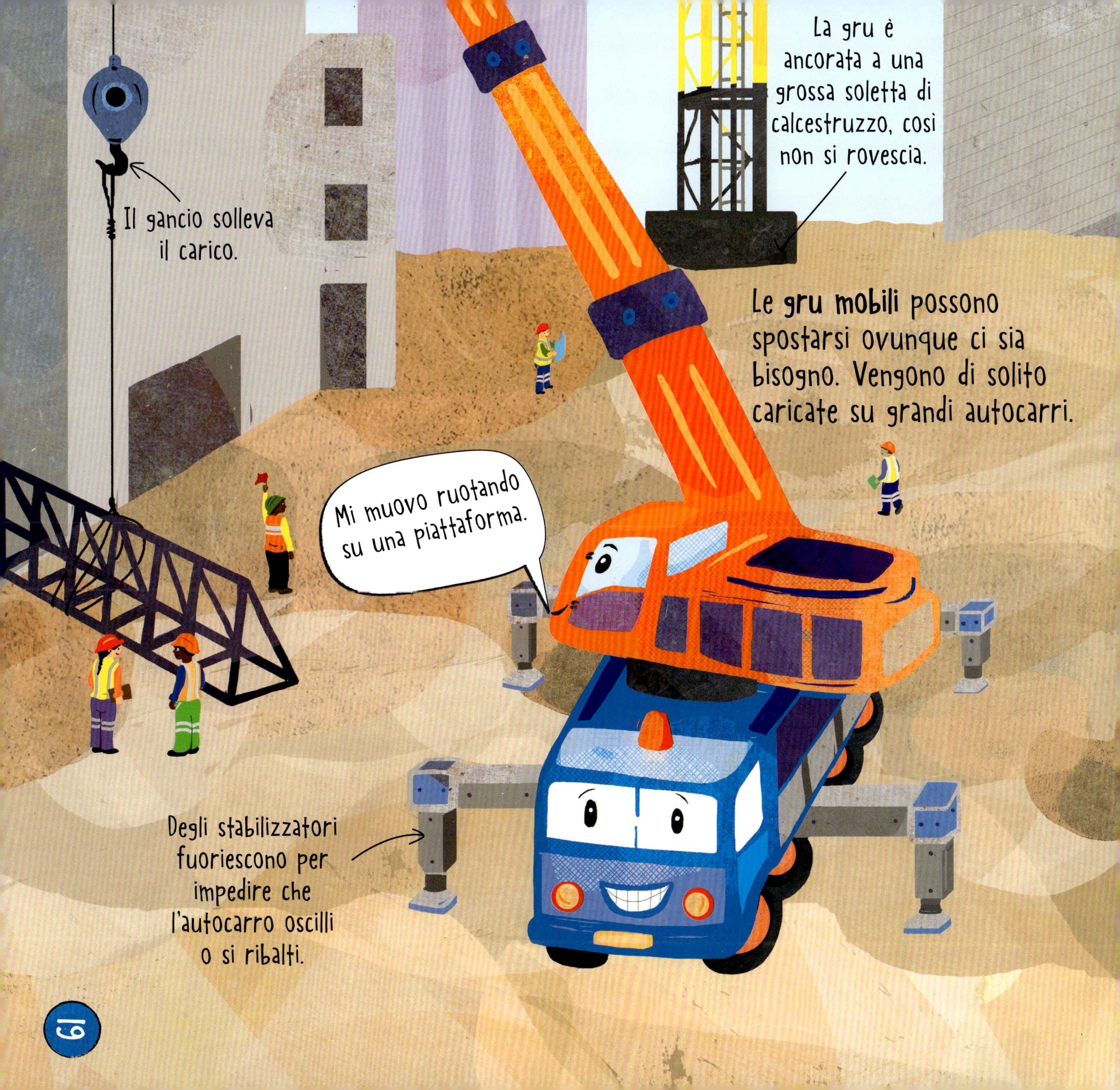

Le **gru mobili** possono spostarsi ovunque ci sia bisogno. Vengono di solito caricate su grandi autocarri.

Tutto sugli autocarri

Tra le macchine più grandi per costruzione, **gli autocarri con cassone ribaltabile** sono sempre al lavoro. Trasportano grossi carichi di terra, macerie e calcinacci.

Il cassone si solleva e il carico scivola giù.

Gli enormi pneumatici assicurano un'ottima presa al terreno.

La tettoia protegge la cabina e il motore dall'eventuale caduta di massi.

Il motore è potente.

Le scale servono al conducente per salire in cabina.

Strada in costruzione

Qui si lavora a una nuova strada. Veicoli giganteschi per il movimento terra hanno già spianato il terreno. È ora di terminare il lavoro!

1 Viene aggiunta della terra. I **bulldozer** spostano e modellano il terreno.

2 La **livellatrice** spiana la strada con la sua lunga lama.

3 Viene aggiunta della ghiaia e il **rullo compressore** la schiaccia.

5 L' autocarro con **cassone ribaltabile** versa altro asfalto davanti alla **finitrice**.

4 La **finitrice** scarica l'asfalto e lo appiattisce con uno strumento che si chiama rasatore.

Frantuma, abbatte, sbriciola

Ci vuole un'intera squadra di **escavatori da demolizione** per abbattere vecchi edifici! Con i loro bracci extra lunghi raggiungono punti situati anche molto in alto.

Come prima cosa, le **pale compatte** demoliscono le parti interne di un edificio.

Poi si mettono al lavoro gli **escavatori**!

Gli escavatori utilizzano accessori diversi per lavori diversi. Io sono un polverizzatore, eccezionale nel triturare calcestruzzo e metallo.

Io ho un demolitore per rompere il calcestruzzo.
Tutto libero qui dentro!
Con le cesoie tiro giù i muri.

Miracoli mobili

Per un **escavatore ragno** non esistono terreni impossibili! Infatti è in grado di affrontare acqua, suoli instabili e ripidi pendii.

Soccorso

Suona le sirene e unisciti ai mezzi impegnati in coraggiose missioni di soccorso!

Al salvataggio!

In caso di emergenza esiste tutta una serie di mezzi che può accorrere in aiuto!

Le sirene ULULANO
Appena arriva una chiamata, iniziamo una corsa contro il tempo.
Auto della polizia
Le luci LAMPEGGIANO
Autoambulanza

Polizia al lavoro!

Sempre in movimento e all'erta, questi veicoli aiutano la polizia a svolgere il proprio lavoro.

Unità cinofila

Centro di comando mobile

Motocicletta

Polizia stradale

Furgone cellulare

Elicottero

Carro attrezzi

Volante

Motovedetta

Barche di salvataggio

Quando le persone si trovano in pericolo in acqua, le **barche di salvataggio** accorrono in aiuto.

L'antenna capta i segnali, così l'equipaggio può comunicare con il centro di controllo e con altre barche.

In mare si usano le barche di salvataggio a motore, fatte per correre veloci e intervenire anche con venti forti e onde.

Le barche di salvataggio trasportano una scialuppa più piccola per i salvataggi in acque poco profonde.

L'imbarcazione si raddrizza in fretta se si capovolge grazie agli speciali serbatoi d'acqua che appesantiscono il fondo dello scafo.

La barca è bassa, così è più facile recuperare le persone finite in acqua.

Lo scafo della barca è molto robusto.

SPLASH!

Ambulanze in azione

Se qualcuno sta male o è ferito, l'**autoambulanza** deve poterlo raggiungere in tempi rapidissimi!

Spesso le **auto di pronto soccorso** riescono ad arrivare più veloci di un'autoambulanza nel luogo in cui c'è un'emergenza.

Veloci **moto ambulanze** possono muoversi meglio nel traffico o passare per strade strette. Sono spesso le prime ad arrivare.

Non appena l'**autoambulanza** arriva, i paramedici si preparano a spostare a bordo il paziente.

Emergenza aeroportuale

Gli aeroplani trasportano tonnellate di carburante e quindi un incendio a bordo può risultare davvero pericoloso. I **camion dei pompieri aeroportuali** arrivano nel giro di pochi minuti trasportando equipaggio, attrezzature e grandi quantità di acqua e schiuma.

Nella cabina ci stanno 5 membri dell'equipaggio.

Questo ugello acuminato riesce a perforare le pareti di un aereo. È attaccato a un lunghissimo braccio.

Gli ugelli spruzzano una schiuma che soffoca il fuoco.

Il pesante camion ha sei pneumatici.

Macchine indaffarate!

S-13
2
MOTOBARCAPOMPA
RNLI-11
K9
UNITÀ CINOFILA
POLIZIA
4

Soccorso alpino

A volte gli scalatori si perdono tra le montagne! Una squadra di ricerca e salvataggio si mette al lavoro per rintracciarli.

I **fuoristrada** riescono a muoversi sui terreni ripidi e scivolosi. Trasportano barelle e kit di primo soccorso.

Un **minibus** trasporta soccorritori e attrezzature.

Con le pale ronzanti, l'**elicottero** in volo si mette alla ricerca dall'alto. All'improvviso riceve una chiamata: gli scalatori sono stati individuati!

I quad avanzano veloci anche sui terreni più accidentati.

Tutto sulle autoambulanze

Il compito di un'**autoambulanza** è di portare in ospedale il più presto possibile le persone che stanno male o sono ferite.

Al suo interno, l'autoambulanza ha tutto l'equipaggiamento necessario per prestare primo soccorso al paziente.

Sull'acqua

Sali a bordo! Sui fiumi, lungo le coste, e fuori, in mare, ci sono barche di salvataggio pronte ad accorrere in aiuto.

Barca di salvataggio a motore

Scialuppa di salvataggio gonfiabile

Hovercraft di salvataggio

Gommone di salvataggio per surf

Motobarcapompa
2
MOTOBARCAPOMPA
Io produco un cuscino d'aria che mi tiene sollevato al di sopra delle onde.
Pattugliatore della polizia
01
Scialuppa di salvataggio per nave
Zattera di salvataggio
Pattugliatore della guardia costiera
GUARDIA COSTIERA

Al fuoco!

È scoppiato un incendio, le fiamme divampano, ma per fortuna sono arrivati i pompieri!

Le **autoscale** hanno delle scale extra lunghe ed estensibili in grado di arrivare anche in edifici molto alti: contrastano così le fiamme anche nei punti più lontani.

I **camion dei pompieri** trasportano l'equipaggiamento e l'acqua per affrontare le fiamme. Ricevono altra acqua dagli idranti collegati alle tubature sotterranee.

Se non c'è una fornitura idrica nelle vicinanze, si usano **autocisterne d'acqua** che trasportano grandi quantità di acqua dove c'è bisogno.

Voli di soccorso

L'**elisoccorso** può raggiungere persone malate o ferite e trasportarle in ospedale in tempi rapidissimi!

Aerei antincendio lanciano acqua e speciali prodotti chimici sulle foreste in fiamme per impedire che si propaghino.

Elicotteri da ricerca e soccorso cercano persone in difficoltà e compiono salvataggi difficili.

Elicotteri della polizia aiutano a rintracciare persone sospette e a trovare dispersi.

Mezzi di soccorso alpino

Chiamati **ATV (all-terrain vehicles)** questi veicoli speciali vengono utilizzati per salvare persone rimaste bloccate dalla neve.

Trattori

Scorazzare per i campi con trattori straordinari e macchine agricole

Che potenza!

Insieme ad altri mezzi, i trattori svolgono i lavori necessari per mandare avanti una fattoria.

e SUSSULTANO...

e SBUFFANO.

Tutto sui trattori

I trattori sono davvero potenti! Vengono utilizzati soprattutto per trainare altre macchine agricole.

La cabina è alta, così il conducente riesce ad avere una buona visuale.

I parafanghi fanno sì che la terra non schizzi da tutte le parti.

Macchine di vario tipo vengono attaccate alla parte posteriore del trattore.

Queste **presse** producono balle di fieno, paglia ed erba.

Le **seminatrici** piantano i semi.

Gli **aratri** rivoltano la terra.

Mentre vengono trainati, gli aratri formano dei solchi lungo il terreno.

Guidare dall'alto

Alti raccolti hanno bisogno di alti trattori! Questo **irroratore** ha ruote enormi, così riesce a passare perfino sopra i girasoli.

Guido piano sopra i raccolti.
Gli scalini servono per raggiungere cabina e motore.
Sotto c'è spazio, così le coltivazioni non si danneggiano.
Grossi, pesanti ruote bilanciano il peso.

Lavoro di terra

Questi mezzi aiutano a preparare il terreno prima di piantare i semi.

I polverizzatori rompono le zolle e dissodano la terra.
I coltivatori smuovono il suolo.
Il rullo compressore compatta e spiana il terreno.
L'erpice a dischi riduce le zolle di terra e sradica le erbacce.

Si semina!

I campi sono stati arati. Ora sono pronti per essere seminati.

Le **seminatrici** lasciano cadere i semi nei solchi ricoprendoli poi di terra.

Le **seminatrici di precisione** si usano per piantare grandi quantità di sementi.

I semi sono contenuti in un grosso contenitore. L'aria proveniente da un ventilatore li smista nei singoli solchi.

Mezzi indaffarati!

Cerca la macchina agricola che preferisci!

Supertrattori!

Big Bud è il più grande trattore del mondo. Fu costruito negli Stati Uniti più di 40 anni fa. Ha un motore potentissimo e pneumatici enormi.

I **trattori cingolati** sono dotati di cingoli di gomma dura che rispetto alle ruote schiacciano meno il suolo.

Le **mietitrebbie forestali** vengono usate per abbattere gli alberi. Sono dotate di un lungo braccio che si piega e un attrezzo simile a un artiglio che serve per afferrare.

L'ora del raccolto

Le **mietitrebbiatrici combinate** mietono i raccolti, per esempio grano e avena, e poi separano i chicchi dagli steli e dalle spighe.

Le patate scorrono su un nastro trasportatore per poi essere convogliate su una **mietitrebbia per patate** e da lì in un cassone.

Le **raccoglitrici di foraggio** servono a raccogliere erba e mais destinati a diventare mangime per animali.

Le **raccoglitrici di cotone** tirano su dalle piante morbidi batuffoli di cotone.

Le imballatrici

Quando un campo è pieno di balle di fieno, significa che un'**imballatrice** ha fatto il suo lavoro.

Le balle di fieno vengono raccolte da speciali **movimentatori per balle.** Alcuni riescono a sollevarne fino a sei alla volta!

3 La parte posteriore si apre e la balla, pronta, rotola fuori.

Quanti lavori!

Servono molti mezzi diversi per mandare avanti una fattoria.

Pala compatta

Rimorchio

Trattore per frutteto

Il braccio si allunga per raggiungere tutto ciò che è posizionato più in alto.
Sollevatore telescopico
Spandiconcime
Pick-up
Trattore compatto
Falciatrice rotante

Lavoro di squadra

Nei campi molto estesi, quando il grano è maturo sono necessarie intere squadre di mietitrebbiatrici per finire il raccolto.

Il raccolto deve essere terminato velocemente per perderne meno possibile.

Autocarri

Scendi in strada e incontrerai viaggiatori resistenti e trasporatori giganti

In giro per le strade

Le strade sono trafficate.
Ci sono autocarri grandi e piccoli
con carichi di ogni tipo.

Semirimorchio

e BRONTOLANO!

Autocarro con cassone ribaltabile

Trasportatori eccezionali

Questi potentissimi autocarri avanzano trasportando carichi pesanti.

Autotreno

Autobetoniera

Bisarca

Autocisterna

Camion portacontainer

Camion con pianale ribassato

Pulizia delle strade

Le **spazzatrici stradali** sono dotate di veloci spazzole rotanti che rimuovono sporcizia e spazzatura.

Quando nevica molto, intervengono gli **spazzaneve** a pulire le strade.

Quando fa freddo, le **macchine spargisale** distribuiscono sale lungo le strade per impedire che ghiaccino.

I **camion per la raccolta dei rifiuti** raccolgono tutto ciò che butti nei cassonetti per la raccolta indifferenziata.

Mostri da paura

Dipinti con vivaci colori, questi veicoli si esibiscono in salti e piroette, atterrando su ruote giganti. Benvenuti al **monster truck** show!

In gara due monster truck scendono in pista compiendo curve strette e grandi salti.

Gli ammortizzatori mantengono stabile il mezzo.

Questi mezzi sono in grado di fare vere e proprie acrobazie, come impennate e capriole all'indietro.

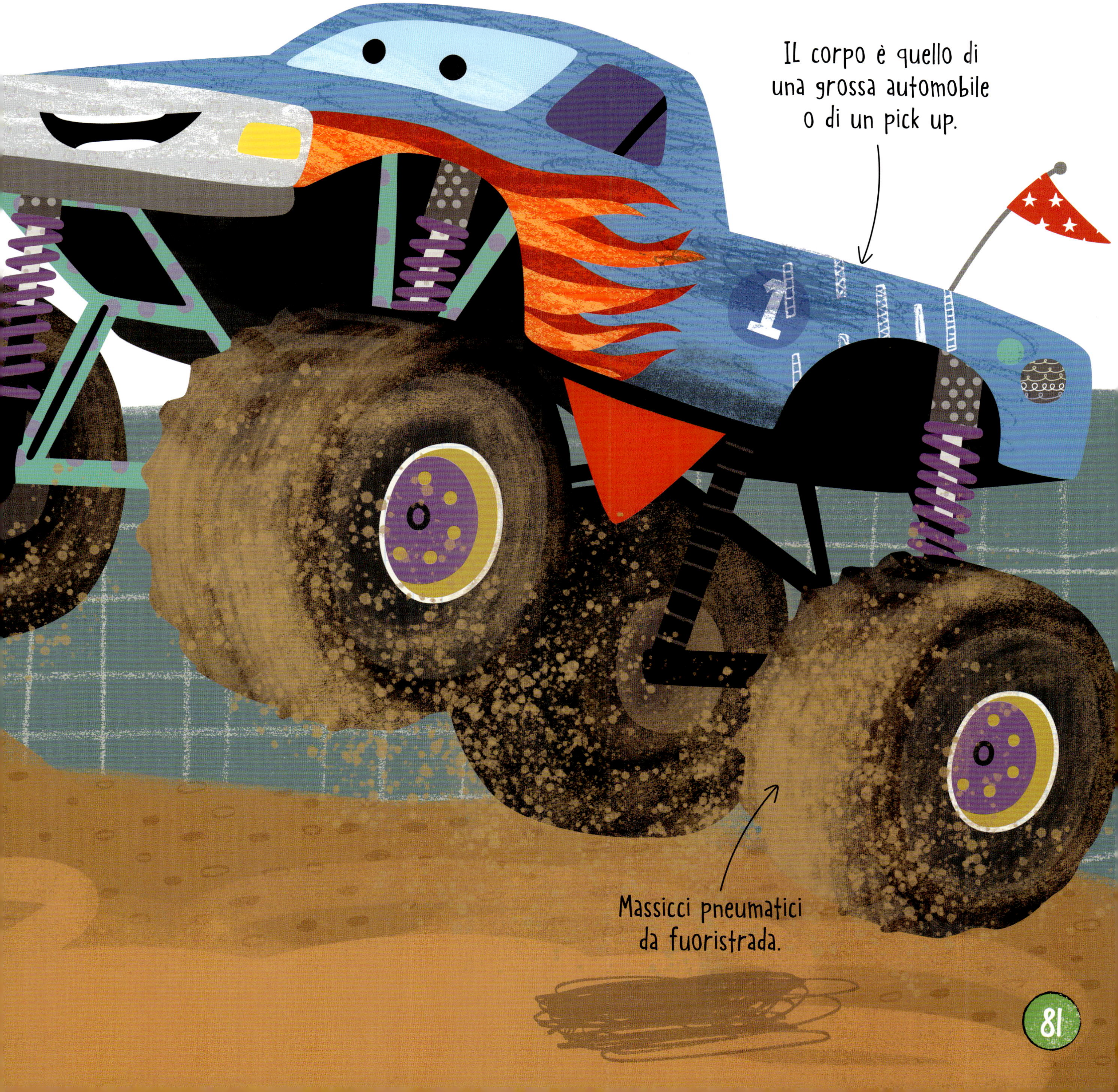
Il corpo è quello di una grossa automobile o di un pick up.
Massicci pneumatici da fuoristrada.

Tutto sui semirimorchi

I **semirimorchi** possono essere grandissimi e trasportano carichi anche su lunghe distanze. C'è molto da fare prima della partenza.

Dentro la cabina c'è spazio, così il guidatore può riposare e mangiare: qualche pausa gli è necessaria per non stancarsi troppo.

Veicoli indaffarati!

Scegli il tuo autocarro preferito.

Tempo di consegne

Questi veicoli lavorano molto! Sono continuamente in giro, perché hanno un sacco di consegne da fare!

Il **furgone postale** deve consegnare una gran quantità di pacchi e lettere.

I **camion refrigerati** mantengono il freddo, così possono trasportare cibi e bevande come frutta e latte.

Nei camion per traslochi i mobili si possono impilare molto in alto.

I furgoni del latte una volta consegnavano il latte a domicilio. In alcuni Paesi si usano ancora oggi.

I camion delle consegne recapitano i pacchi acquistati online.

Trasporti pesanti

In cima alle montagne del Cile due camion eccezionali svolgono un lavoro speciale: trasportano enormi antenne telescopiche.

Ogni antenna pesa 100 tonnellate! Per muoverle ci vogliono motori molto potenti.

Ciascun camion trasportatore è lungo quasi 20 metri, come 5 piccole auto in fila una dietro l'altra.

Questo trasportatore si chiama Lore. Ha un gemello di nome Otto.

Per caricare l'antenna, il camion trasportatore solleva lentamente una rampa, invece per scaricarla la fa scivolare giù e poi la mette in posizione.

Ogni camion trasportatore ha 28 pneumatici.

Lavoro duro

Alcuni autocarri vengono costruiti per fare lavori particolarmente difficili, come trasportare rocce o domare incendi.

Veicoli fuoristrada

Camion trasporto legname

Camion militare

Autopompa

Mezzo anfibio

Rally truck

Carro attrezzi

Piattaforma aerea autocarrata

Camion da trasporto

Gru mobile

Tutto sulle bisarche

Con le auto nuove di zecca caricate sulle sue rampe, l'imponente **bisarca** è pronta per partire!

Alcune bisarche caricano fino a 12 auto alla volta!

La bisarca ha rampe che possono essere sollevate e inclinate per posizionarci le auto.

Per mantenerle ferme in sicurezza, le auto sono trattenute da catene o da cinghie.

Le bisarche hanno due piani. Quello più in alto viene caricato per primo e poi sollevato.

Avanti e indietro

È appena atterrato un aereo e non c'è tempo da perdere! Una squadra di automezzi laboriosi accorre per prepararlo per il prossimo volo.

Un **camion sbrinatore** spruzza una miscela speciale che scioglie anche il ghiaccio più ostinato. Il suo braccio può arrivare fino al tetto dell'aereo.

Al momento di ripartire, un **trattore aeroportuale** solleva il muso dell'aereo e lo allontana dal gate.

Per far salire a bordo i passeggeri vengono avvicinate all'aereo delle **scale mobili**.

L'aereo viene rifornito di carburante da un'**autobotte**.

I bagagli vengono portati all'aereo su un **carrello portabagagli** e poi convogliati al vano di carico su un nastro trasportatore.

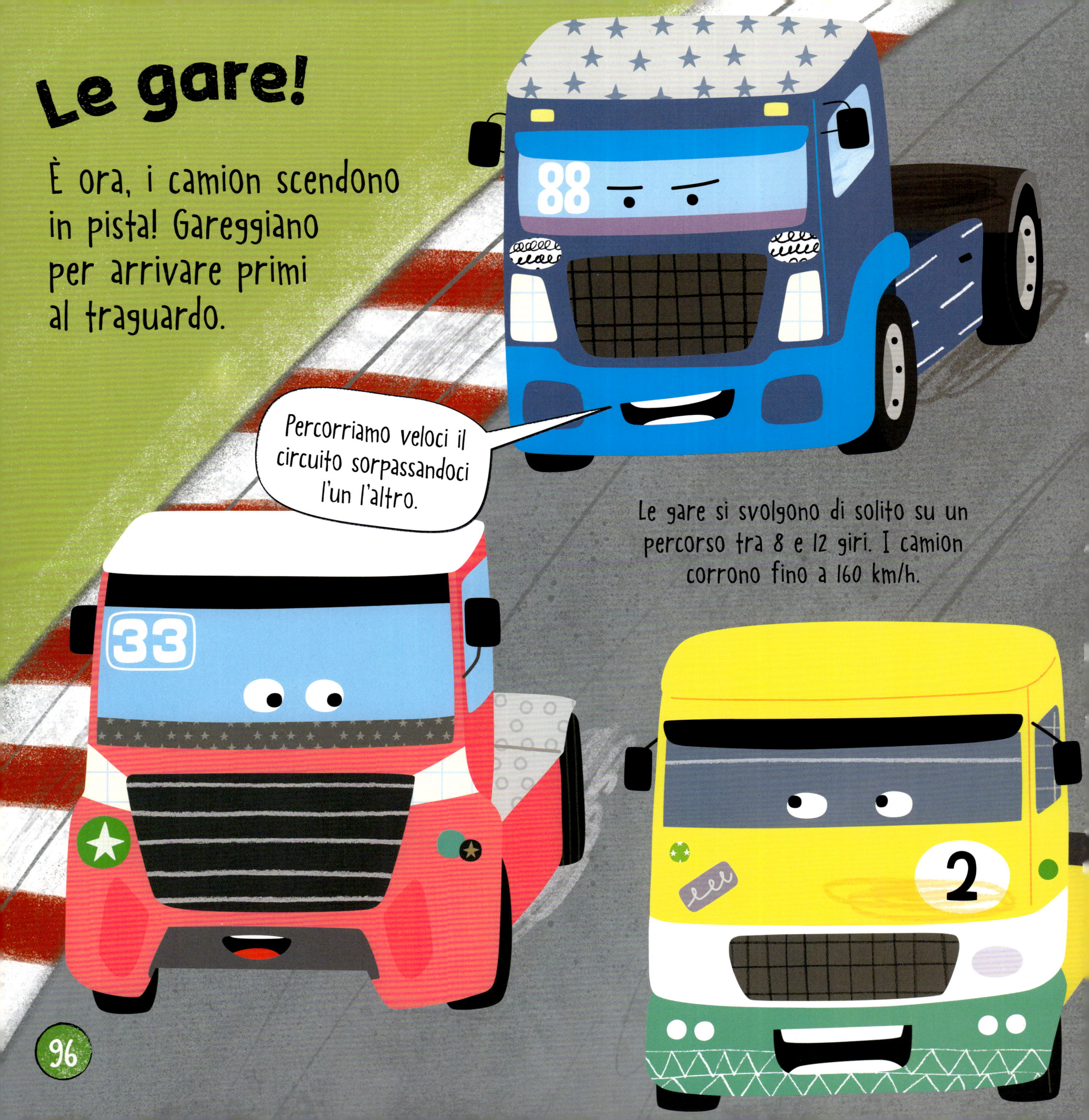

Le gare!

È ora, i camion scendono in pista! Gareggiano per arrivare primi al traguardo.

Percorriamo veloci il circuito sorpassandoci l'un l'altro.

Le gare si svolgono di solito su un percorso tra 8 e 12 giri. I camion corrono fino a 160 km/h.